Souscription Européenne 1854.

GUERRE A LA RUSSIE

PRÉCIS STATISTIQUE

SUR LES ARMÉES & LES FLOTTES DES PUISSANCES EUROPÉENNES BELLIGÉRANTES EN ORIENT,

SUIVI

de Documents curieux et instructifs.

OFFERT EN PRIME AUX SOUSCRIPTEURS A LA CARTE D'ORIENT
PAR KRAMINSKI, INGÉNIEUR.

PARIS,

AU DÉPOT GÉOGRAPHIQUE, 32, RUE MAZARINE,
ET CHEZ LES CORRESPONDANTS DES DÉPARTEMENTS
ET DE L'ÉTRANGER.

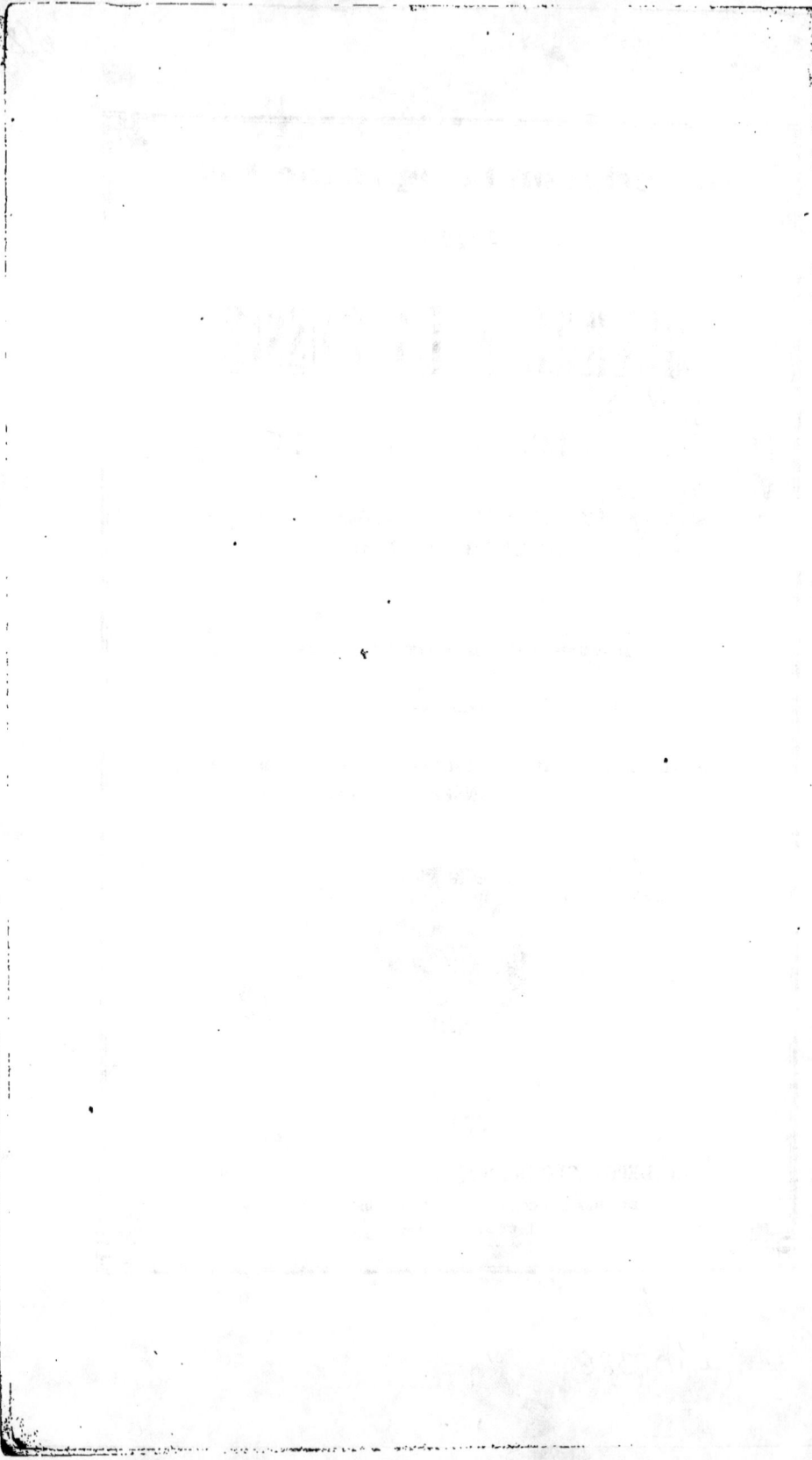

GUERRE A LA RUSSIE.

DÉCLARATION OFFICIELLE DE LA GUERRE.

Les gouvernements français et anglais, par suite du refus de l'empereur Nicolas d'accepter les conditions honorables de paix qui lui avaient été faites par ces deux puissances, ont, à la date du 27 mars, déclaré la guerre à la Russie, l'ennemie de l'Europe entière.

Armée russe.

Les forces militaires de la Russie se subdivisent ainsi :

SIX CORPS D'ARMÉE DE LIGNE.

Officiers	8,052
Troupes	347,270
Bouches à feu.	672

UN CORPS DE GRENADIERS.

Officiers	1,114
Troupes	45,496
Bouches à feu.	112

TROIS CORPS DE CAVALERIE DE RÉSERVE.

Officiers	1,410
Troupes	31,349
Bouches à feu.	95

CORPS DE LA GARDE.

Officiers	1,423
Troupes	54,593
Bouches à feu.	112

ARMÉE DE RÉSERVE.

Troupes	210,250
Bouches à feu.	472

TROUPES IRRÉGULIÈRES.

Évaluées	98,000

Totaux.   Officiers, 12,001. — Troupes, 786,958. — Bouches à feu, 1,463.

MARINE. Le prince Menschikoff, amiral de la flotte russe, a sous ses ordres dans la Mer-Noire : 15 vaisseaux, 10 frégates, 5 corvettes, 11 bricks, 7 cutters, 7 bâtiments de servitude, 2 yatchs impériaux, 18 grandes corvettes de charge, 14 vapeurs de guerre, 2 bricks avisos, 1 bombarde à trois mâts, et 14,000 marins.

Flotte française.

L'amiral Hamelin a sous ses ordres huit vaisseaux :

A VOILES.

La Ville-de-Paris.	120 canons.
Le Valmy	120 —
Le Henri IV.	100 —
Le Bayard	90 —
Le Jupiter	80 —

A HÉLICE.

Napoléon (1,000 chevaux)	90	—
Charlemagne (500 chevaux).	80	—
Montebello (machine auxil. de 160 chev.).	120	—
Total.	800 canons.	

FRÉGATES A VAPEUR.

Suné	500 chevaux.	
Mogador	500	—
Magellan	500	—
Caton	220	—

La division du contre-amiral Desfossés, qui était antérieurement dans les mers du Levant, est ainsi composée :

Le *Gomer*, frégate à vapeur de	500 chevaux.	
Le *Chaptal*, corvette à vapeur de.	220	—
Le *Héron*	220	—
Le *Narval*	220	—
La *Sentinelle*, aviso à vapeur.		

Flotte anglaise.

Quant à la flotte anglaise, sous les ordres de l'amiral Dundas, elle est composée de six vaisseaux :

Britannia (amiral)	120 canons.	
Trafalgar	120	—
Rodney	92	—
Albion	90	—
Vengeance	84	—
Bellerophon.	80	—

FRÉGATES A VOILES.

L'*Aréthuse*	50	—
Le *Phaéton*	50	—
L'*Infatigable*	50	—
Total.	736 canons.	

NAVIRES A VAPEUR.

Rétribution	28 canons.	
Tiger	16	—
Niger (à hélice).	11	—
Sampson	6	—
Inflexible	6	—
Fury	6	—

L'empire de Russie, en Europe et en Asie, comprend 70,000,0000 d'habitants.

La population turque, en Europe et en Asie, s'élève à 36,000,000 environ.

L'empereur Nicolas est le chef spirituel de la religion grecque orthodoxe. En Turquie on évalue à 13,000,000 les religionnaires grecs sur lesquels l'autocrate prétend avoir le droit de protectorat religieux.

Le restant de la population se compose de Musulmans, de Catholiques, d'Arméniens, de Protestants et d'Israélites. Le nouveau patriarche grec, nommé à Constantinople, se nomme Anthimos.

La Moldavie, la Valachie, la Servie et le Montenegro sont sous la suzeraineté de l'empire ottoman. Le prince Alexandre Karogeorgewith est le chef de la Servie.

Les principautés danubiennes, envahies par les Russes, ont pour chef, en Valachie, le prince Stirbey, et en Moldavie le prince Giska.

Le nouvel ambassadeur français près la Sublime-Porte est le général Baraguey d'Hilliers, en remplacement de M. Lacour.

Le général Paskiewitsch commande en chef le corps d'armée russe de 80,000 hommes, et en Asie, le prince Woronzoff a sous ses ordres environ 120,000 hommes pour tenir tête, tant à la Turquie, qu'à Schamyl, chef du Caucase, à la tête de 30 à 40,000 montagnards.

La contrée du Montenegro est commandée par le prince Daniel.

Les dernières nouvelles de Belgrade annoncent que le prince régnant de Servie vient d'envoyer à Constantinople un de ses grands officiers pour exposer au divan la situation de cette province et s'entendre avec lui sur les moyens de défense, dans le cas où la Turquie serait attaquée de ce côté. On annonce une insurrection en Grèce, dans l'Épire, contre la Porte.

Le vice-roi d'Egypte fait procéder à une nouvelle levée de 28,000 hommes de troupes auxiliaires et percevoir les impôts par anticipation. De grands approvisionnements de céréales et de denrées alimentaires sont expédiées à l'armée turque.

Armée turque.

Les garnisons réunies dans les places du Danube, en Roumélie (Europe), se composent des forces suivantes :

A Widdin	8,000 hommes.
A Nicopoli	2,000 —
A Roulsthsjouk	5,500 —
A Silistrie	6,000 —
A Ressova	2,000 —
A Hirchova	1,500 —
A Matchin	3,400 —
A Isatcha	1,800 —
A Tultza	1,200 —

Total. 31,400 hommes, faisant le service de 2,600 bouches à feu.

Le corps d'armée active d'Omer-Pacha compte :

Nizam réguliers	95,000 hommes.
Redifs	22,000 —
Contingent d'Égypte	18,000 —
Bachy-Bozouk	36,500 —

Total. 171,500 hommes, ayant 246 bouches à feu.

Le corps de réserve a pour centre Andrinople, il se compose de : 22,000 Nizam réguliers. — 15,000 Redifs réguliers. — 12,000 Bachy-Bozouk.

Total. 49,000 hommes avec 80 bouches à feu.

Il y a enfin en Anatolie (Asie), près d'Alhalzig, le corps de Selim-Pacha, général turc de l'armée de Circassie, comprenant : Nizam, 24,000 homm.—Redifs, 8,000 homm.—Bachy-Bozouk, 4,000 homm.

Total. 36,000 hommes avec 90 bouches à feu.

L'armée d'Asie est complétée par le corps d'Abdi-Pacha, général turc de l'armée de Géorgie, stationné près d'Erivan et consistant en : 28,000 hommes du Nizam.—12,000 hommes, Redifs.—15,000 hommes, Bachy-Bozouk.

Total. 55,000 hommes avec 125 bouches à feu.

En somme, les forces actives de la Turquie, tant en Asie que sur le Danube, s'élèvent au chiffre de 342,000 hommes, munis de 2,600 pièces de rempart, et 5,031 pièces de campagne, et il y a derrière elles une réserve de plus de 500,000 hommes, qu'il est toujours possible d'appeler sous les drapeaux et de diriger contre l'ennemi.

Marine turque.

La flotte ottomane comprend actuellement : 2 vaisseaux à trois ponts de 130 à 120 canons, 4 vaisseaux à 2 ponts de 90 à 74 canons, 10 frégates à voiles de 60 à 40 canons, 6 corvettes de 26 à 22 canons, 14 bricks de 20 à 42 canons, 6 frégates à vapeur de la force de 800 à 400 chevaux, 12 corvettes à vapeur et d'autres bâtiments de grandeur moindre. Total : 70 vaisseaux de guerre, 32,000 marins, les uns employés pour la manœuvre, les autres pour le service de l'artillerie, desservant cette flotte.

En outre, il y a un régiment d'infanterie de marine (bahriè-alaï) de 4,000 hommes, sous le commandement d'un général de brigade, lequel régiment est caserné à l'arsenal lorsqu'il n'est pas sur mer.

Le vice-roi d'Égypte a mis aux ordres du Sultan sa marine, qui est en bon état.

La France et la Russie.

QUESTION D'ORIENT.

(Extraits d'un volume qui vient de paraître à l'Imprimerie impériale.)

Notice historique.

La France doit connaître, par la lecture des pièces authentiques, les causes légitimes et honorables qui lui mettent, ainsi qu'à l'Angleterre, les armes à la main, pour défendre, contre l'ambition des Russes, la foi publique et la paix du monde.

La lettre de l'empereur Napoléon à l'empereur Nicolas ouvre la série de ces pièces, quoiqu'elle en soit, en quelque sorte, le résumé et le couronnement. Cette page, si noble et si ferme, mérite d'être lue la première, et parce qu'elle analyse avec une admirable clarté les diverses périodes de la question d'Orient, et parce qu'elle est le dernier effort tenté en faveur du maintien de la paix du monde. Cette page est l'expression la plus haute de la force et de la dignité du pays ; c'est un appel à la défense de nos intérêts politiques et de notre honneur militaire provoqué par les Russes à Sinope, et cet appel sera entendu jusqu'au fond de la plus humble chaumière.

L'Empereur de Russie, fidèle à la politique de ses ancêtres, cherchait une occasion commode et à sa convenance, d'humilier complétement la Turquie, en attendant qu'il pût la subjuguer. Une fois établis à Constantinople, qui est la clé de la Méditerranée, les Russes auraient menacé, avant un demi-siècle, de leur flotte de la mer Noire, Alger et Toulon ; de leur flotte de la Baltique, le Havre et Cherbourg. Nos enfants auraient assisté à une nouvelle invasion des Barbares du Nord, chassant devant eux la civilisation et foulant aux pieds la liberté.

L'affaire dite des *Lieux-Saints* et le *protectorat des Grecs*, qui en a été la suite, ont semblé au czar offrir cette occasion qu'il cherchait ; il l'a saisie avec un empressement qui a trahi, malgré lui, son ambition secrète.

Tout le monde sait qu'à Bethléem et à Jérusalem, c'est-à-dire aux lieux où le Sauveur est né, où il a souffert et où il est mort, la piété des chrétiens a fondé, depuis des siècles, des églises et des monastères. Depuis que l'église d'Orient s'est séparée de l'église d'Occident, il est survenu des rivalités et des luttes entre les chrétiens de la communion grecque, soit au sujet de la garde de ces *Lieux-Saints*, soit au sujet des cérémonies qui s'y trouvaient célébrées. La France, dont l'autorité politique et morale en Orient est considérable depuis les Croisades, a toujours pris sous son patronage les pères des monastères latins. Ces pères avaient été les victimes d'empiétements successifs de la part des chrétiens de la communion grecque, et le gouvernement de Louis-Napoléon, alors président de la république française, obtint en leur faveur, il y a trois ans, des réparations aussi justes que modérées.

L'empereur Nicolas, feignant de croire que les chrétiens de la communion grecque avaient été dépouillés au profit des chrétiens de la communion latine, envoya, au mois de février 1853, le prince Menschikoff à Constantinople, avec la mission apparente de rétablir les droits des pères grecs ; mais il ne fut pas difficile au gouvernement français de démontrer jusqu'à l'évidence que les satisfactions qui lui avaient été accordées ne lésaient en rien les droits de personne. La cour de Saint-Pétersbourg, après examen, fut forcée de le reconnaître, et, dès lors, si le prince Menschikoff n'avait eu réellement en vue que de faire rendre justice aux pères grecs de Terre-Sainte, sa mission eût été complétement terminée.

Il n'en fut pas ainsi, bien s'en faut. C'est alors que les véritables desseins de la Russie éclatèrent. Le prince Menschikoff demanda, avec hauteur et menaces, pour le czar son maître, le droit de protectorat direct sur tous les sujets de l'empire turc appartenant à la communion grecque, et comme, parmi les sujets du sultan, dans la Turquie d'Europe, de onze à douze millions appartiennent à la communion grecque, tandis que trois ou quatre millions seulement appartiennent à l'islamisme, c'est, au fond, comme si l'empereur de Russie avait fait demander au sultan sa couronne.

Cette prétention du czar à protéger une si notable portion des sujets du sultan contre le sultan lui-même, prétention soutenue par une armée, était évidemment la même chose que l'asservissement de la Turquie par les Russes. Cette prétention est d'ailleurs d'autant moins justifiée que l'Église grecque, répandue en Turquie sous l'autorité du patriarche de Constantinople, n'a pas consenti à la séparation de l'Église russe, dont le czar est le chef spirituel et temporel; que le gouvernement turc est beaucoup plus doux, beaucoup plus tolérant que le gouvernement moscovite à l'égard des cultes dissidents, témoins les catholiques de Pologne, et que le clergé grec, en masse, le patriarche en tête, repousse de toute son énergie la protection des Russes, dans lesquels, d'après la rigueur des canons, ils seraient tentés de ne voir que des schismatiques.

Ainsi, l'ambition de l'empereur de Russie ne tarda pas à percer le voile religieux sous lequel il l'avait enveloppée. Etre maître de Constantinople, s'y établir comme dans une forteresse inexpugnable, dominer sur la Méditerranée en même temps que sur la Baltique, envelopper l'Europe à la fois par le Midi et par le Nord, et préparer, dans un avenir plus ou moins prochain, la domination des Cosaques et des Baskirs sur tout l'Occident, soumis au plus honteux despotisme : voilà le but des Russes, but que l'empereur Napoléon signala dès le premier jour, et que toute l'Europe a vu clairement après lui. Le czar, mal renseigné par ses ambassadeurs, avait pensé que la France et l'Angleterre, séparées par d'anciennes rivalités, ne se réuniraient pas pour l'arrêter, et il a tellement l'habitude d'inspirer les résolutions des gouvernements du Nord qu'il n'avait pas cru pouvoir douter de leur concours. Il s'est néanmoins complétement trompé !

Lorsque l'empereur Napoléon, pénétrant les vues ambitieuses et perfides de la Russie, résolut de défendre la liberté de l'Occident menacée, le gouvernement anglais se réunit loyalement à la France.

L'Allemagne elle-même, révoltée d'être la vassale du czar, après s'être réunie à la France et à l'Angleterre pour blâmer énergiquement la conduite déloyale des Russes en Orient, a noblement secoué le joug qu'on s'était flatté de lui imposer, et declaré qu'elle soutiendrait la cause et l'indépendance des nations.

C'est donc la cause de la liberté des peuples, de la dignité des gouvernements, de la bonne foi publique, de la paix, de l'ordre, du travail, de la ci-

vilisation enfin, qu'il s'agit de défendre contre l'insatiable ambition de la Russie. Une pareille cause était digne de la France et de son glorieux empereur.

Conclusion.

On a pu voir, à la lecture de ces dépêches, que l'empereur de Russie a constamment poussé à la guerre. Il a été sourd aux observations de ses alliés, aux instances de ses amis. Son égoïsme hautain se refuse à tenir compte d'une autre autorité que la sienne, et il veut que son empire soit sans borne comme son ambition.

C'est donc le czar, c'est lui seul qui, après avoir violé les traités, après avoir envahi, en pleine paix, le territoire de la Turquie, trouble violemment, sans motifs avouables, la paix du monde, interrompt les transactions commerciales, et porte atteinte à la fortune publique et à la fortune privée. L'Europe serait digne du mépris éternel de l'histoire, si elle souffrait des prétentions qui sont une insulte aujourd'hui, et qui deviendrait une ruine demain.

La France a déjà fait connaître qu'elle ne les souffrira pas. Fidèle observatrice des traités, elle les fera respecter des autres. Seules contre les Russes, les armées françaises les ont toujours et complétement battus, à Austerlitz, à Eylau, à Friedland, à Smolensk, à la Moscowa : réunis à l'armée anglaise, maîtres de toutes les mers, appuyés par une flotte combinée qui sera, dans trois mois, de quatre-vingts vaisseaux de ligne, les soldats français, dignes enfants de leurs glorieux pères, auront promptement et solidement rétabli la paix, nécessaire au travail et au bien-être des familles et des nations.

COMPOSITION DE L'ARMÉE D'ORIENT.

Commandant en chef. — Maréchal de Saint-Arnaud.

Aides-de-camp. — MM. Trochu, colonel au corps d'état-major ; de Waubert de Genlis, lieutenant-colonel d'état-major ; Gustave de Place, chef d'escadron d'état-major ; Boyer, capitaine d'état-major.

Officiers d'ordonnance. — MM. Reille et Henry, chefs d'escadron d'état-major ; de Grammont, duc de Lesparre, chef d'escadron au 4e de cuirassiers ; Durand de Villers, chef de bataillon du génie ; de Cugnac, capitaine d'artillerie ; de Puységur, capitaine au 4e de chasseurs à cheval.

ÉTAT-MAJOR GÉNÉRAL.

Chef d'état-major général. — De Martimprey, général de brigade.

Sous-chef de l'état-major général. — Jarras, lieutenant-colonel.

Commandant de l'artillerie. — Lebœuf, colonel.

Commandant du génie. — Tripier, colonel.

Intendant militaire. — Blanchot, intendant militaire.

Grand prévôt. — Guisse, chef d'escadron de gendarmerie.

Aumônier supérieur. — L'abbé Parabère.

Service politique et topographique. — Desaint, lieutenant-colonel, chef du service ; Davout, chef d'escadron ; Davenet, capitaine ; Perrotin, capitaine.

Trésoreries et postes.

Détachement de gendarmerie.

1re DIVISION.

Commandant. — Canrobert, général de divison.

Aides de camp du général commandant. — Cornely, chef-d'escadron ; De Bar, capitaine.

Officier d'ordonnance du général commandant.— Brady, capitaine d'artillerie.
Chef d'état-major. — Denis de Senneville, lieutenant-colonel.
Commandant de l'artillerie. — Huguenet, chef-d'escadron.
Commandant du génie. — Sabatier, chef de bataillon.

1re brigade.

Commandant. — Espinasse, général de brigade.
Aide-de-camp du général commandant. —   , capitaine.
1er *bataillon de chasseurs à pied.* — Tristan Legros, chef de bataillon.
1er *régiment de zouaves.* — Bourbaki, colonel.
7e *de ligne.* — De Pecqueult de Lavarande, colonel.

2e brigade.

Commandant. — Vinoy, général de brigade.
Aide-de-camp du général commandant. —   , capitaine.
9e *bataillon de chasseurs à pied.* — Nicolas, chef de bataillon.
20e *de ligne.* — De Failly, colonel.
27e *de ligne.* — Vergé, colonel.
2 batteries montées. — 1 compagnie de sapeurs du génie. — 1 détachement de gendarmerie.

2e DIVISION.

Commandant. — Bosquel, général de division.
Aide-de-camp du général commandant. — Lallemand, chef d'escadron.
Chef d'état-major. — De Cissey, colonel.
Commandant de l'artillerie. — Lefrançois, chef d'escadron.
Commandant du génie. — Dumas, chef de bataillon.

1re brigade.

Commandant. — D'Autemarre, général de brigade.
Aide-de-camp du général commandant. — Loverdo, capitaine.
Tirailleurs indigènes. — Wimpffen, colonel.
3e *régiment de zouaves.* — Tarbouriech, colonel.
50e *de ligne.* — Trauërs, colonel.

2e brigade.

Commandant. — Bouat, général de brigade.
Aide-de-camp du général commandant. — Clémeur, capitaine.
3e *bataillon de chasseurs à pied.* — Duplessis, chef de bataillon.
7e *léger.* — Jannin, colonel.
6e *de ligne.* — De Garderens de Boisse, colonel.
2 batteries montées; 1 compagnie de sapeurs du génie; 1 détachement de gendarmerie.

Brigade de cavalerie.

Commandant. — D'Allonville, général de brigade.
Aide-de-camp du général commandant. — De Sérionne, capitaine.
Intendance. — Bagès, sous-intendant militaire de 2e classe.
1er *régiment de chasseurs d'Afrique.* — De Ferrabouc, colonel.
4e *régiment de chasseurs d'Afrique.* — Coste de Champeron, colonel.
1 détachement de spahis; 1 batterie d'artillerie à cheval.

TROISIÈME DIVISION.

Commandant. — Le prince Napoléon, général de division.
Aides-de-camp. — Ferri-Pisani, capitaine d'état-major ; Roux, capitaine d'infanterie.
Officiers d'ordonnance.— David, capitaine au 21e de ligne; Vergne, sous-lieutenant au 1er de spahis.
Chef d'état-major. — Nesmes-Desmarets, colonel, premier aide-de-camp du prince.
Commandant de l'artillerie. — Bertrand, chef d'escadron.

Commandant du génie. — Pouzols, chef de bataillon.
Intendance. — Dubut, sous-intendant de 2ᵉ cl.; Lebœuf, adjoint de 2ᵉ cl.
Prévôt. — Geille, capitaine de gendarmerie.
Officiers d'état-major. — De Bouillé, capitaine; Courrier, capitaine.
Officier d'artillerie adjoint au commandant. — Jaumard, capitaine.

1ʳᵉ brigade.

Commandant, M. le comte de Monet, général de brigade. — 19ᵉ bataillon de chasseurs à pied, Caubert, chef de bataillon; 2ᵉ de zouaves, Cler, colonel; 3ᵉ régiment d'infanterie de marine, Bertin du Château, colonel.

2ᵉ brigade.

Commandant, M. Thomas, général de brigade. — 20ᵉ léger, M. Labadie, colonel; 22ᵉ léger, Sol, colonel.
2 batteries montées (6ᵉ batt. du 7ᵉ d'artillerie monté, commandée par le capitaine Briant, et 6ᵉ batt. du 13ᵉ d'artillerie monté, commandée par le capitaine Claudet), 1 compagnie de sapeurs du génie (4ᵉ comp , 2ᵉ bataillon, 3ᵉ régiment), 1 détachement de gendarmerie.

Services administratifs.

SERVICE DE SANTÉ.

1ʳᵉ *division.* — Cazalas, médecin major de 1ʳᵉ classe; Quesnoy, médecin aide-major de 1ʳᵉ classe.
2ᵉ *division.* — Barby, médecin major de 1ʳᵉclasse; Beaucamp (C.-A -C.), médecin aide-major de 1ʳᵉ classe.

Brigade de cavalerie.

Ladureau, médecin aide-major de 1ʳᵉ classe.

Corps de réserve.

Tellier, médecin major de 2ᵉ classe.

PERSONNEL DE SANTÉ DE DEUX HOPITAUX A LA SUITE DE L'ARMÉE.

1ᵉʳ *hôpital.* — Valette, médecin-major de 1ʳᵉ classe; Guérel, médecin major de 1ʳᵉ classe ; Cuvillon, médecin-major de 2ᵉ classe.
2ᵉ *hôpital.* — Siesz, Bonnel-Masimbert, médecins majors de 1ʳᵉ classe.

Bureaux de l'intendance.

A répartir par l'intendant, entre les quartiers généraux, divisions, brigades et réserves.
SERVICE DES HÔPITAUX (administration). — *Quartier général.* — Petit, officier d'administration de 1ʳᵉ classe ; Joussain, officier d'administration de 1ʳᵉ classe.
Réserve. Ginestet, officier d'administration de 1ʳᵉ classe.
1ʳᵉ *division d'infanterie.* — Dufort de la Broye, adjudant en premier; Gesta, adjudant en second; Delcambre, officier d'administration de 2ᵉ classe.
2ᵉ *division d'infanterie.* — Gasse, adjudant d'administration en second.
Brigade de cavalerie et corps de réserve. — Moriceau, adjudant d'administration en premier; Pierron, adjudant d'administration en second.

SERVICE DES SUBSISTANCES.

Quartier général et réserve. — Bourgeois, officier d'administration principal; Arnaud, officier d'administration de 1ʳᵉ classe.
1ʳᵉ *division d'infanterie.* — Behue, officier d'administration de 2ᵉ classe.
2ᵉ *division d'infanterie.* — Foucher, officier d'administration de 1ʳᵉ classe.

Brigade de cavalerie et corps de réserve. — D'Ailhaud de Brisis, officier d'administration de 1ᵉ classe.

SERVICE DE L'HABILLEMENL ET DU CAMPEMENT.

Arrigas, officier d'administration de 1ʳᵉ classe.

TROUPES.

Commandant. — Hugueney, chef d'escadron.

2 compagnies légères du train des équipages militaires. — 1 compagnie montée du train des équipages militaires. — 1 détachement d'ouvriers. — 3 détachements d'infirmiers.

Division de réserve.

Commandant. — Forez, général de division.
Aides-de-camp du général commandant. — Dauvergne, chef d'escadron ; Schmitz, capitaine.
Chef d'état-major. — De Loverdo, colonel.
Officiers d'état-major attachés à l'état-major. — Delaville, chef d'escadron ; Colson, capitaine ; Piquemale, capitaine.

1ʳᵉ brigade d'infanterie.

Commandant. — De Lourmel, général de brigade.
Aide-de-camp du général commandant. Villette, capitaine.
5ᵉ *bataillon de chasseurs à pied.* — Landry de Saint-Aubin, chef de bataillon.
19ᵉ *de ligne.* — Desmaret, colonel.
26ᵉ *de ligne.* — Niol, colonel.

2ᵉ brigade d'infanterie.

Commandant. — D'Aurelle, général de brigade.
Aide-de-camp du général commandant. —
39ᵉ *régiment d'infanterie de ligne.* — Beuret, colonel.
74ᵉ *régiment d'infanterie de ligne.* — Breton, colonel.

Brigade de cavalerie.

Commandant. — Cassaignoles, général de brigade.
Aide-de-camp du général commandant. —
6ᵉ *régiment de dragons.* — De Plas, colonel.
6ᵉ *régiment de cuirassiers.* — Salle, colonel.

Force publique.

Prévôt. — Polié, capitaine de gendarmerie. — Détachement de gendarmerie.

Artillerie.

Commandant. — De Tryon, chef d'escadron.
Adjoint. — Bergère, capitaine.
Médecin aide-major, vétérinaire. — Désignés par le général commandant la 12ᵉ division.
2 batteries montées.
1 baterie à cheval.
Génie. — Commandant, de Saint Laurent, chef de bataillon ; adjoint, de Foucauld, capitaine.
1 compagnie du génie.

Services administratifs.

INTENDANCE MILITAIRE.

Quartier général. — Bligny-Boudurand, sous-intendant militaire de 1ʳᵉ classe ; Schmitz, adjoint de 1ʳᵉ classe.
1ʳᵉ *brigade d'infanterie.* — Du Cor de Duprat, sous-intendant militaire de 2ᵉ classe.

2ᵉ *brigade d'infanterie*. — Conseillant, sous-intendant militaire de 2ᵉ classe.

1ᵉʳ *brigade de cavalerie*. — Carjol, adjoint de 1ʳᵉ classe.

Bureaux de l'intendance. — Fardel, adjudant d'administration en premier.

Service de santé. — Heysch, médecin-major de 2ᵉ classe.

Service des hôpitaux.

Quartier général. — Arron, officier d'administration comptable de 2ᵉ classe.

1ʳᵉ *brigade d'infanterie*. — Vigne, officier d'administration de 2ᵉ classe; Guibout.

2ᵉ *brigade d'infanterie*. — Hubert, officier d'administration de 2ᵉ classe; Maget, adjudant en second.

Brigade de cavalerie. — Poinsignon, adjudant en premier; Buffet, adjudant en second.

Service des subsistances.

Quartier général. — De Lamogère, officier d'administration de 1ʳᵉ classe; Meifredy, adjudant en premier; Landré, adjudant en second.

1ʳᵉ *brigade d'infanterie*. — Labarre, officier d'administration de 2ᵉ classe; Romani, adjudant en second.

2ᵉ *brigade d'infanterie*. — Feray, adjudant d'administration en premier; Vitaux, adjudant en second.

Brigade de cavalerie. — Marty, adjudant en premier; Gourdé, adjudant en second.

Service de l'habillement. — Bettinger, adjudant en premier; Mollard, adjudant en second.

Troupes.

1 compagnie montée du train des équipages militaires. — 1|2 compagnie légère. — 1 détachement d'ouvriers d'administration. — 1 détachement d'infirmiers.

Décret impérial du 10 mars 1854.

Art. 1ᵉʳ. Des aumôniers seront attachés à l'armée d'Orient; ils seront nommés par le ministre de la guerre, qui en déterminera le nombre suivant les besoins du service.

Art. 2. Un aumônier supérieur, chargé de centraliser tout le service religieux de l'armée d'Orient, et un aumônier adjoint, seront placés au quartier général.

Un aumônier sera attaché à chaque division active et un aumônier à chaque hôpital-grande-ambulance.

Art. 3. Les aumôniers de l'armée d'Orient prendront leurs pouvoirs spirituels de l'évêque du port d'embarquement.

Art. 4. L'aumônier supérieur jouira de la solde et de toutes les indemnités allouées par les tarifs à un chef de bataillon d'infanterie.

Les autres aumôniers recevront les allocations de même nature attribuées aux capitaines d'infanterie de seconde classe.

Art. 5. Pendant la durée de l'expédition, il sera mis un cheval à la disposition des aumôniers pour les besoins de leur service.

3ᵉ ESCADRE FRANÇAISE, DU LEVANT & DE LA BALTIQUE.

Vice-amiral commandant en chef.

M. Parseval-Deschênes (Alexandre-Ferdinand).

Contre-amiral commandant en sous-ordre.

M. Pénaud (Charles).

Vaisseaux :

Le *Tage*, de 2e rang, à M. le capitaine de vaisseau Fabvre (Jean-Jacques-Louis).

Le *Jemmapes*, de 2e rang, à M. le capitaine de vaisseau Robin du Parc (Philippe-Alexandre).

Le *Breslaw*, de 3e rang, à M. le capitaine de vaisseau Bosse (Auguste).

L'*Inflexible*, de 3e rang, à M. le capitaine de vaisseau Pironneau (Louis-Augustin).

Le *Suffren*, de 3e rang, à M. le capitaine de vaisseau Clavaud (André-Paul).

La *Ville-de-Marseille*, de 4e rang, à M. le capitaine de vaisseau Laffon de Ladébat (André-Emile-Léon).

Le *Duperré*, de 4e rang, à M. le capitaine de vaisseau Pénaud (André-Edouard).

Le *Trident*, de 4e rang, à M. le capitaine de vaisseau Maussion de Candé (Antoine-Marie-Ferdinand).

L'*Alger*, de 4e rang, à M. le capitaine de vaisseau Saisset (Jean-Marie-Joseph-Théodore).

Frégates :

La *Sémillante*, de 1er rang, à M. le capitaine de vaisseau Chiron du Brossay (Auguste-Pierre).

L'*Andromaque*, de 1er rang, à M. le capitaine de vaisseau Guillain (Charles).

La *Vengeance*, de 1er rang, à M. le capitaine de vaisseau Bolle (Salomon-Marcellin-Edouard).

La *Poursuivante*, de 2e rang, à M. le capitaine de vaisseau Preudhomme de Borre (François-Joseph).

La *Virginie*, de 2e rang, à M. le capitaine de vaisseau Hérail (Antoine-Edouard).

La *Zénobie*, de 2e rang, à M. le capitaine de vaisseau Seré de Rivières (Jean-Louis-Marie).

L'*Alceste*, de 2e rang, à M. le capitaine de vaisseau Le Guillou Pénanros (Théophile-Fortuné-Hyacinthe).

La *Sybille*, de 2e rang, à M. le capitaine de vaisseau Simonet de Maisonneuve (Louis-Alexandre-Amédée).

La *Pénélope*, de 3e rang, à M. le capitaine de vaisseau Fournier (Joseph-Marie-Martial).

Frégates à vapeur :

Le *Canada*, de 450 chevaux, à M. le capitaine de vaisseau Dubreuil (Pierre-Justin-Charles).

Le *Panama*, de 450 chevaux, à M. le capitaine de vaisseau Goubin (Cyriaque).

Le *Labrador*, de 450 chevaux, à M. le capitaine de vaisseau de Varèse (Timoléon).

Le *Cristophe-Colomb*, de 450 chevaux, à M. le capitaine de frégate Exelmans (Joseph-Maurice), officier d'ordonnance de l'Empereur.

L'*Albatros*, de 450 chevaux, à M. le capitaine de frégate Dubernard (Henri).

Corvettes et avisos à vapeur.

Le *Phlégéton*, corvette à vapeur de 400 chevaux, à M. le capitaine de frégate Coupvent-Desbois (Aimé-Auguste-Elie).

Le *La Place*, corvette à vapeur de 400 chevaux, à M. le capitaine de frégate Caboureau (Félix-Alfred).

Le *Pluton*, corvette à vapeur de 220 chevaux, à M. le capitaine de frégate Fisquet (Théodore-Auguste).

Le *Véloce*, corvette à vapeur de 220 chevaux, à M. le capitaine de frégate Dufour de Montlouis (Louis-Léon-Théodore).

Le *Gassendi*, corvette à vapeur de 220 chevaux, à M. le capitaine de frégate Villemain (Aristide-Théophile-Eugène).

Le *Lavoisier*, corvette à vapeur de 220 chevaux, à M. le capitaine de frégate Dieudonné (Alexandre).

La *Tisiphone*, corvette à vapeur de 300 chevaux, à M. le capitaine de frégate Lebeau de Montour (Henri-François-Joseph).

La *Mouette*, aviso à vapeur de 200 chevaux, à M. le capitaine de frégate L'Heureux (Joseph-Gustave).

Le *Milan*, aviso à vapeur de 200 chevaux, à M. le capitaine de frégate Huchet de Cintré (Henri-Marie).

Le *Lucifer*, aviso à vapeur de 200 chevaux, à M. le capitaine de frégate Dispan (François-Julien).

La *Mégère*, aviso à vapeur de 200 chevaux, à M. le capitaine de frégate Devoulx (Louis-Camille).

Le *Fulton*, aviso à vapeur de 160 chevaux, à M. le lieutenant de vaisseau Le Bris (Edmond-Mathurin-Marie).

Le *Vautour*, aviso à vapeur de 160 chevaux, à M. le lieutenant de vaisseau Causse (Antoine-François).

Le *Brandon*, aviso à vapeur de 160 chevaux, à M. le lieutenant de vaisseau Cloué (Georges-Charles).

Le *Phare*, aviso à vapeur de 160 chevaux (mission spéciale), à M. le capitaine de frégate Philippe de Kherhallet (Charles-Marie).

Emprunt national de 250 millions.

Le décret impérial du 11 mars 1854 qui décide que l'emprunt sera fait au moyen d'une souscription publique a produit à Paris la plus favorable impression. Chacun applaudit à cette loyale détermination de l'empereur, qui s'est empressé de porter au pays le témoignage de confiance que venait de lui donner le vote unanime du corps législatif et du sénat.

Ce n'est pas le premier appel que l'Empereur fait à la nation. Chaque fois cet appel a été entendu, il le sera cette fois encore.

Des offres nombreuses avaient été adressées au gouvernement ; il n'avait, en réalité, que l'embarras du choix. Mais, au lieu de réserver à des particuliers ou des compagnies les avantages qui ont toujours été jugés nécessaires pour assurer le succès d'une pareille négociation, l'Empereur a voulu que le public fût appelé à en jouir ; il s'est adressé à la France entière.

Toutes les facilités possibles sont données pour prendre part à l'opération.

Des registres, déposés dans tous les chefs-lieux de département et d'arrondissement, chez les receveurs généraux et particuliers, et, à Paris, à la caisse du Trésor, seront ouverts, le 14 mars, à neuf heures du matin, et clos le 25 à six heures du soir.

Les souscripteurs ont le choix entre la rente 4 1/2 et la rente 3 0/0.

La rente 4 1/2 sera émise au taux de 92 fr. 50 c., avec jouissance du 22 mars 1854,

La rente 3 0/0 sera émise au taux de 65 fr. 25. c., avec jouissance du 22 décembre 1853.

Les versements seront faits de la manière suivante :

Un dixième en souscrivant ; le reste en quinze termes égaux, payables le 7 de chaque mois, jusqu'au 7 juillet 1855 inclusivement.

Pour souscrire, il suffit de verser à la caisse du Trésor ou chez le receveur de son arrondissement le dixième de la somme que l'on veut consacrer à l'emprunt.

Un récépissé provisoire sera délivré, et, immédiatement après la clôture de la souscription, ce récépissé sera échangé contre un certificat d'emprunt nominatif ou au porteur.

Les certificats d'emprunt seront échangés contre des inscriptions de rente, aussitôt que le dernier versement aura été effectué.

Pour permettre aux plus petites fortunes de prendre part à l'emprunt, le minimum des souscriptions a été fixé à 10 fr. de rente.

Depuis quelque temps, l'usage de placer ses épargnes sur les fonds publics a pénétré dans toutes les classes de la population; les inscriptions de rentes se sont divisées presque à l'infini, et chacun sait qu'aujourd'hui il n'y a pas de débiteur plus sûr que l'État, ni qui serve plus exactement l'intérêt des capitaux qu'on lui confie.

Aussi le succès de cette grande opération nationale ne saurait-il être douteux. Outre les avantages qu'elle présente chacun y verra le moyen de donner, dans les circonstances actuelles, un concours efficace au gouvernement. Tandis que nos flottes et nos armées ajouteront, par leur courage, à l'influence et à la gloire du pays, le reste de la nation s'associera à leurs efforts et contribuera pour sa part à l'heureuse et prompte issue de la lutte. Cette mesure financière deviendra aussi une éclatante manifestation, qui pèsera d'un poids considérable dans la balance où la France a jeté son épée.

(*Moniteur.*)

Le traité définitif entre la France, l'Angleterre et la Turquie a été signé le 12 mars :
1º La Porte s'engage à ne jamais négocier avec la Russie, en dehors de la participation des puissances occidentales ;
2º Réformes dans la condition des chrétiens ;
3º Enfin, dans l'admission des chrétiens dans l'armée et dans les services civils. La décision, quant à l'emploi des forces anglo-françaises, appartiendrait au sultan.

Décret impérial du 24 février 1854, qui prohibe en France l'exportation de la poudre et des munitions de guerre. Cette mesure a également été adoptée par le gouvernement anglais.

Le contingent des troupes françaises s'élèvera à 80,000 hommes successivement, et du côté des Anglais à 50,000.

La maison Rothschild vient de conclure avec le gouvernement ottoman, à 6 0/0 au prix de 85, un emprunt de 70 millions remboursables en quinze annuités.

Liste authentique de l'état-major de l'armée anglaise :
Général commandant en chef, Lord Raglan ; secrétaire militaire, lieutenant-colonel Steele ; aides-de-camp : major lord Burghersh, lieutenant-colonel Somerset, capitaine Kingscote, lieutenant Somerset ; lieutenant-général, sir G. Brown ; aides-de-camp : Capitaine Alex. Macdonell, capitaine Withmore, lieutenant Pearson ; major-général, S. A. R. le duc de Cambridge ; aides-de-camp : major Macdonald, capitaine Glifton ; lieutenant-colonel lord W. Paulet ; lieutenant-colonel Tyrwhitt ; brigadier-général, J.-W. Bentinck ; aides-de-camp : lieutenant Byng, capitaine Stephenson ; brigadier-général, sir Colin Campbell ; aides-de-camp : capitaine Shadwell, capitaine Sterling ; brigadier-général, W. Eyre ; aides-de-camp : lieutenant L. Graham, major A. Hope.

Voici l'indication des corps d'infanterie qui formeront le corps d'armée commandé par lord Raglan : 3e bataillon des grenadiers de la garde, 1er bataillon de coldstream, 1er bataillon de fusiliers écossais, 2e bataillon de tirailleurs, 1er bataillon du 1er d'infanterie, 4e, 7e, 19e, 23e, 28e, 30e, 33e, 38e, 41e, 42e, 44e, 47e, 49e, 50e, 55e, 77e, 79e, 88e, 93e et 95e régiments.

Il y aura donc 22 bataillons de ligne et 3 de gardes à pied, en tout 25 bataillons qui, avec la l'artillerie et la cavalerie, feront un effectif de 25,000 hommes. Les 20e, 21e, 34e, 63e et 97e régiments ont reçu l'ordre de se tenir prêts à un service spécial, mais on ne sait s'ils feront partie du corps expéditionnaire de l'armée d'Orient aux ordres de lord Raglan.

La flotte russe de la Baltique se compose de 27 vaisseaux, 18 frégates et 15 bâtiments d'un rang inférieur. Elle comprend trois divisions de 9 vaisseaux chacune.

L'Empereur Nicolas a mis en état de siége les provinces Russes de la Baltique et celles du théâtre de la guerre en Orient.

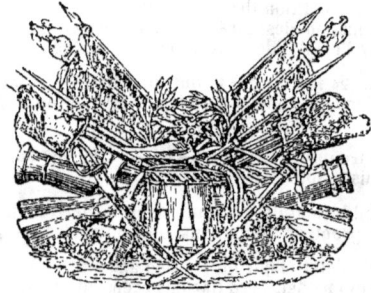

Paris.—Imp. G.-A. Pinard et Ce, 9, cour des Miracles.

www.ingramcontent.com/pod-product-compliance
Lightning Source LLC
Chambersburg PA
CBHW060724280326
41933CB00013B/2557